NOTES

SUR

QUELQUES FAITS GOTIQUES,

PAR

M. A. MEILLET.

Extrait des Mémoires de la Société de Linguistique de Paris, tome XV.

I. — Sur la flexion des adjectifs.

Le nominatif pluriel de la flexion thématique est le seul cas
où une ancienne divergence du type nominal ordinaire et du type
démonstratif ait été éliminée dans la plupart des langues indo-européennes. La finale *-oi* des démonstratifs a passé à tous les noms ordinaires en slave, en grec, en latin et en irlandais, et seulement aux
adjectifs en lituanien et en germanique ; inversement, la finale
-ōs des noms ordinaires a passé aux démonstratifs en osco-
ombrien. De tous les dialectes indo-européens où les faits sont
observables, un seul, l'indo-iranien, a échappé à la confusion.

C'est par l'intermédiaire de l'adjectif que s'est opéré le rapprochement de la flexion nominale ordinaire et de la flexion démonstrative. En baltique et en germanique, l'extension de *-oi* est
même restée limitée à l'adjectif : on sait en effet que les nominatifs pluriels lituaniens tels que *vilkaî* sont des pluriels neutres
comparables à lat. *loca* en face de *locus*; c'est ce que montrent
l'accentuation sur la finale et la généralisation de la règle τὰ ζῷα
τρέχει. Ailleurs, *-oi* s'est étendu des adjectifs aux substantifs;
mais la distinction du vocatif v. irl. *firu* (de *wirōs*) et du nominatif *fir* (de *wiroi*) est une trace remarquable de la longue persistance du nominatif-vocatif pluriel en *-ōs* dans les substantifs
gaéliques (cf. A. Meillet, *De quelques innovations de la déclinaison
latine*, p. 21).

La cause pour laquelle le type nominal ordinaire et le type
démonstratif ont été au nominatif pluriel rapprochés de l'adjectif
est évidente, aussitôt qu'on pose ainsi le problème : le nominatif
pluriel est le seul cas où le type démonstratif ait, dans les thèmes
en -o-, une forme distincte du type nominal commun, tandis que
le féminin correspondant a une forme identique à la forme nominale ordinaire : ainsi, au datif singulier, skr. *tásmai* masc. et *tásyai*
fém. sont tous deux distincts des formes nominales correspondantes; au contraire le contraste de la forme purement démons-

trative *toi (skr. té, got. þai) et de la forme nominale commune *tās (skr. táḥ, got. þos) est saisissant, et l'on conçoit que — surtout à la faveur des adjectifs signifiant «un, même, autre», etc. qui, dès l'indo-européen, avaient la flexion démonstrative partout, sauf au nominatif-accusatif singulier neutre —, le contraste de *toi et *tās ait été étendu à tous les adjectifs thèmes en -o-, c'est-à-dire pratiquement à tous les mots qui, dès une date ancienne, présentaient comme les démonstratifs l'opposition d'un masculin (neutre) en -o- et d'un féminin en -ā- : ce contraste aboutissait à caractériser le masculin d'une manière éminente, et c'est le principe essentiel de l'analogie que la facilité avec laquelle se propagent les formations fortement caractéristiques. Du reste, il y avait dyssymétrie au nominatif pluriel entre le masculin, où la forme des démonstratifs était distincte de celle des autres noms (skr. té = got. þai, et skr. vīráḥ en face de got. wairos), et le féminin et le neutre, où les formes étaient identiques (skr. táḥ = got. þos, et skr. sabhāḥ comme got. sibjos; véd. tā = got. þo et véd. yugá = got. juka, la différence entre les finales de got. þo et juka étant purement phonétique); une action analogique était déterminée à peu près nécessairement par là, et l'indo-iranien est le seul dialecte qui n'en présente pas une. Le sens dans lequel a eu lieu l'action dans la plupart des langues a été celui qui aboutissait à la forme la plus caractéristique.

En slave et en germanique, l'extension de l'ancienne finale *-oi des démonstratifs a été le seul moyen de sauver l'expression d'une distinction entre le masculin et le féminin au nominatif pluriel, puisque le masculin *-ōs et le féminin *-ās (ainsi opposés dans les adjectifs) se confondaient phonétiquement [1]. L'inconvénient de cette confusion phonétique était grand, et les dialectes indo-iraniens où elle s'est aussi produite ont trouvé plus ou moins tôt des moyens d'y parer; dans l'Avesta, on lit le représentant de l'indo-iran. *-ās, à savoir -ā̊, pour le féminin; mais le nominatif pluriel masculin a la forme -ȧṅhō = véd. -āsaḥ, ou bien on lui substitue le collectif neutre en -ā, ce qui est l'usage le plus ordinaire (cf. A. Meillet, l. c., p. 16); en védique, le nominatif pluriel en -āsaḥ est réservé aux masculins; et il est curieux de noter en passant que le nominatif pluriel des thèmes germaniques correspondants, got. -os, fris. -ar, etc., peut et doit peut-être être rapproché de cette finale véd. -āsaḥ (voir Dieter, Laut-u. Formenlehre d. altgerm. Dial., § 318, p. 543). Dans les pràkrits, le masculin n'a à peu près universellement que la forme -ā répondant à skr. -āḥ; mais le féminin a, à côté de l'ancien -ā, une forme nouvelle : pâli -āyo,

---

[1] Ceci est maintenant contesté par M. N. van Wijk, I. F., XXII, 256 et suivantes, en ce qui concerne le germanique (note de correction).

pràkr. -*āo* et -*āu* (voir Pischel, *Gramm. d. Prakritspr.*, § 367 et 376; cf. V. Henry, *M. S. L.*, XIII, 157); et la forme en -*āo* est, au féminin, la plus ordinaire dans les pràkrits.

Le grec et le latin ont modifié le nominatif pluriel des thèmes en -*ā*- sous l'influence de celui des thèmes en -*o*-, et cette innovation est en sens inverse de la différenciation qui vient d'être supposée entre les deux sortes de thèmes. Mais c'est que les conditions étaient autres. D'abord le nominatif en *-*oi* n'était plus réservé aux adjectifs; il avait passé aux substantifs. Et surtout les thèmes en -*ā*- avaient subi l'influence du type démonstratif au génitif pluriel : lat. -*ārum*, hom. -*άων*, att. -*ῶν*, dor. -*āν*, etc.; cette influence est indépendante du nominatif pluriel en *-*oi* : elle s'est exercée en osco-ombrien, où le nominatif pluriel en *-*ōs* des thèmes en -*o*- subsiste : osq. -*asúm* -*azum*, ombr. -*aru* -*arum*. Il convient de rappeler en outre que le grec et l'italique sont les seuls dialectes indo-européens qui aient maintenu à la fois des thèmes féminins en -*o*- et des thèmes masculins en -*ā*-, malgré l'influence de l'adjectif où -*o*- était toujours masculin-neutre et -*ā*- toujours féminin; une action mutuelle des deux sortes de thèmes était donc particulièrement facile dans ces dialectes, et en effet le latin a développé un génitif pluriel en -*ōrum* sous l'influence du génitif pluriel en -*ārum* des thèmes en -*ā*-.

Là où le nominatif pluriel en *-*oi* a fait créer une flexion de l'adjectif, rapprochée de celle des démonstratifs et distincte de celle des substantifs, cette finale *-*oi* ne s'est naturellement pas étendue aux substantifs. Le lituanien, où tout le développement est achevé dès le début de la tradition, n'enseigne rien. Mais les dialectes germaniques laissent entrevoir encore que le point de départ de la création d'une flexion démonstrative de l'adjectif se trouve au nominatif pluriel masculin (sur le détail des faits, voir le bel article de M. Sievers, *P. B. B.*, II, 98 et suiv., où la théorie de la flexion forte de l'adjectif a été posée de manière définitive). Le nominatif pluriel du type got. *blindai*, v. angl. *blinde*, v. h.-a. *blinte* (et v. isl. *spakir* avec une altération secondaire), est commun à tous les dialectes; ce nominatif pluriel, emprunté à une flexion démonstrative, n'avait pas la valeur du vocatif, et c'est ce qui fait que l'on a largement recouru au nominatif-vocatif de la flexion faible, même dans des emplois où la flexion faible ne figure pas d'ordinaire. L'influence du nominatif pluriel a déterminé un rapprochement de la flexion de tous les adjectifs avec celle des démonstratifs, mais au masculin seulement; et même au masculin, l'influence du nominatif en -*ai* se traduit par la forme du génitif pluriel : got. *blindaize* en face de *þize* (v. sax. *blindero* en face de *thero*, v. h.-a. *blintero* en face de *dero*); on a inversement v. angl. *blindra* en face de *dāra*, v. isl. *spakra* en face

de *þeira*. Le féminin n'a suivi le masculin que plus tard ; le pluriel a été pris par l'analogie le premier, parce que les démonstratifs se fléchissent à peu près de même au masculin-neutre et au
féminin dans les cas obliques des démonstratifs ; mais le génitif
singulier got. *blindaizos* est dû évidemment à l'influence du pluriel
blindaize, *blindaizo*, puisque le génitif du démonstratif est *þizos*, et
que cette forme est ancienne, à en juger par skr. *tásyāḥ*, v. pruss.
stessias ; le dat. plur. *blindaim* étant peu caractéristique, l'ancienne forme nominale de datif féminin singulier *blindai* subsiste
encore en gotique ; l'emploi de -*ai* au féminin ne provient pas d'un
retour à l'état ancien comme on l'a supposé (v. en dernier lieu
van Helten, *I. F.*, XIV, 81), mais d'une conservation de cet état ;
le vieux suédois a aussi gardé beaucoup de formes de ce type,
et par suite, la forme nominale s'y rencontre même au génitif
(v. Noreen, *Gesch. d. nord. Spr.*, dans Paul, *Grundriss*, I², p. 622
et suiv.).

Sans l'action simultanée des adjectifs signifiant «un, autre,
même, tout», etc., qui avaient dès l'indo-européen la flexion démonstrative, les innovations analogiques qui viennent d'être dé-
crites n'auraient sans doute pas été réalisées ; car la seule forme
où la flexion démonstrative manquât dans ces adjectifs, celle du
nominatif-accusatif singulier neutre, a conservé, dans une large
mesure, la flexion nominale ordinaire en germanique ; les formes
pourraient, il est vrai, phonétiquement représenter *-od* aussi bien
que *-on*, mais il n'y a pas lieu d'y chercher autre chose que
-on : si le gotique n'a que *hwaþar* et *anþar*, c'est que l'indo-européen n'avait pas là des finales à occlusive dentale, à en juger par gr.
πότερον et ἕτερον, lat. *utrum* et *alterum* (cf. *M. S. L.*, XI, 389) ; par
suite la forme nominale du type got. *blind* est conservée dans tous
les dialectes germaniques, soit comme la forme principale, ce
qui est le cas du gotique, ou unique, ce qui est le cas du vieil
anglais et du vieux saxon, soit comme une forme réservée normalement à un emploi particulier, ce qui est le cas du haut-allemand, soit enfin à l'état de traces plus ou moins importantes
suivant les dialectes, ce qui est le cas du groupe scandinave (v.
Noreen, *Gesch. d. nord. Spr.*, dans Paul, *Grundriss*, I², p. 622).
A côté du type *blind*, le type nouveau *blindata* apparaît déjà en
gotique, dans un certain nombre d'adjectifs employés comme
épithètes et sur lesquels l'attention est appelée, par ex. Mt.,
IX, 17, *wein niujata* et *wein juggata*, et de même L., V, 37 et 38 ;
ou encore Mc, XIV, 15, *kelikn mikilata gastrawiþ manwjata* (avec un
participe à forme nominale entre deux adjectifs à forme démonstrative). La généralisation de *blintaz* en vieux haut-allemand provient de l'opposition qui a été créée entre les deux emplois de
l'adjectif : l'emploi comme épithète et l'emploi comme prédicat.

Le fait que le nominatif-accusatif neutre singulier a ainsi maintenu sa forme nominale ordinaire est significatif; car le neutre fait partie du thème en -o-, qui est celui du masculin où la flexion démonstrative s'est généralisée d'abord; mais les deux motifs qui ont déterminé l'extension de la flexion démonstrative manquaient ici : d'une part, les adjectifs signifiant «un», etc., puisqu'ils n'avaient pas à ce cas la flexion démonstrative, de l'autre, l'influence du nominatif pluriel en *-oi, puisque ce nominatif était proprement masculin. L'hésitation qui se manifeste au nominatif-accusatif singulier neutre s'explique donc complètement.

L'action des formes démonstratives autres que celle du nominatif pluriel sur les adjectifs ne saurait passer pour très ancienne. Elle est postérieure à l'addition d'une particule dans l'accusatif masculin, got. *þana*, etc., et le nominatif-accusatif neutre, got. *þata*; M. Brugmann, *Abrégé de gr. comp.*, § 593 *Rem.*, voit dans l'-*a* de got. *þana*, *þata* un reste de postposition, ce qui ne change rien aux remarques présentées ici. — En effet la fixation de la particule est la conséquence du monosyllabisme de ces formes; sur la tendance universelle à éviter le monosyllabisme pour les mots autonomes de la phrase, v. en dernier lieu Wackernagel, *Wortumfang und Wortform*, *Nachrichten* de l'Académie de Gœttingue, 1906, p. 147 et suiv., et notamment p. 183 et suiv. Si l'on met à part le nominatif masculin singulier, qui, dans les pronoms, est indépendant des autres formes et appartient même souvent à une autre racine que les formes des autres cas, les accusatifs *þan* et *þat* correspondant à skr. *tám* et *tát*, gr. τόν et τό étaient dans le démonstratif masculin les seules formes monosyllabiques brèves terminées par un élément consonantique; de là got. *þana*, et de même v. sax. *thana*, v. fris. *thene*, v. angl. *done*. La finale -*ana*, créée pour éviter le monosyllabisme, a passé à got. *blindana*, où rien ne la justifiait; de même v. fris. *blindene*, v. angl. *blindne*. Étant postérieur à l'addition de la particule dans got. *þana*, v. sax. *thana*, v. angl. *done*, ce transfert est postérieur à l'époque du germanique commun, puisque ces formes sont dialectales et ne se retrouvent ni en haut-allemand ni en scandinave. — L'accusatif masculin v. h.-a. *den* comporte deux explications : conservation de la consonne finale dans les monosyllabes autonomes, cf. got. *ut* et *at*; ou bien — hypothèse moins probable — addition d'une particule brève, et non comme dans got. *þana* d'une ancienne longue (conservée dans got. *hwanoh*, etc.); dans la première hypothèse v. h.-a. *blintan* est postérieur à la loi de chute des finales, cf. l'acc. *dag*; dans la seconde, on revient au cas précédent, celui de got. *þana* : *blindana*, avec cette seule différence que la particule finale n'est pas conservée. De toute manière, la formation des accusatifs tels que got. *blin-*

dana et v. h.-a. *blintan* apparaît donc comme proprement dialectale.

Au nominatif-accusatif singulier neutre, la forme monosyllabique représentant v. isl. *þat*, v. angl. *dæt*, v. sax. *that*, v. h.-a. *daz* est maintenue; et, seul, le gotique a *þata*; on a tenté de supposer qu'il y aurait eu ici une particule à voyelle brève, en regard de la particule à voyelle longue de got. *þan-a*, *þat-a*; mais, en tout cas, une particule *-an* est exclue car le vieux norrois runique, où le représentant -*a* de *-an* final est conservé à l'accusatif masculin singulier et au nominatif-accusatif singulier neutre, a *þat* (v. Janko, *I. F. Anz.*, XIX, p. 47). En réalité v. isl. *þat*, etc. représentent la forme monosyllabique *tod* conservée; ce maintien d'une forme monosyllabique, unique dans les représentants germaniques du thème *to-*, s'explique par le fait que *þat* sert de nominatif, parallèlement aux formes monosyllabiques du masculin et du féminin : got. *sa* et *so*, v. isl. *sá* et *sú*. Donc les interrogatifs v. isl. *huat*, v. angl. *hwæt*, v. sax. *hwat*, v. h.-a. (*h*)*waz* répondent aux formes toniques lat. *quod*, zd *kat*; la forme atone et enclitique de l'indéfini a fourni got. *hwa*, v. isl. *nokkua*; puis il y a eu en gotique emploi de *hwa* pour l'interrogatif, en norrois, etc., de *huat*, etc. pour l'indéfini (d'où v. isl. *nokkuat*); en vieux suédois et vieux norvégien, le *hwa* indéfini, en devenant interrogatif, a reçu *ā* (v. Janko, *l. c.*). Il résulte de là que l'addition de -*t* dans v. isl. *spakt*, v. h.-a. *blintaz* est postérieure à la chute de la dentale finale dans les polysyllabes.

La forme d'où est partie la constitution, encore inachevée en gotique, d'une flexion propre de l'adjectif est donc le nominatif pluriel des thèmes en -*o*- où la plupart des dialectes indo-européens présentent un empiétement de la flexion démonstrative sur celle des autres noms. En germanique, comme en latin et en grec, cet empiétement de la flexion démonstrative a eu de grandes conséquences; mais, comme les conditions étaient différentes à certains égards, les conséquences ont été autres.

II. — DE L'EMPLOI DU DUEL.

Le duel du pronom personnel de 1re et 2e personnes et des formes correspondantes du verbe est employé avec rigueur dans un certain nombre de passages des textes gotiques :

Mt., ix, 27 : *laistidedun afer imma twai blindans hropjandans jah qiþandans : armai uggkis...; 28 : ... qaþ im Iesus : gaulaubjats þatei magjau þata taujan?...; 29 : þanuh attaitok augam ize qiþands : bi galaubeinai iggqarai wairþai iggqis; 30 : ...jah inagida ins Iesus qiþands : saihwats ei manna ni witi.*

Mc, 1, 17 : *jah qaþ im* (à Simon et à André) *Iesus* : hirjats *afar mis, jah gatauja iggkis wairþan nutans manne.*

Mc, xi, 1 : ...*insandida twans siponje seinaize*; 2 : *Jah qaþ du im : gaggats in haim þo wiþrawairþon iggqis, jah sunsaiw inn gaggandans in þo baurg bigitats fulan gabundanana...; andbindandans ina attiuhats*; 3 : *Jah jabai hwas iggqis qiþai : duhwe þata taujats? qiþaits : ...*; 5 : *Jah sumai... qeþun du im : hwa taujats...?*

L., vii, 20 : ... *Iohannes sa daupjands insandida uggkis* (les deux disciples, indiqués au verset 19)...; 22 : ... *Iesus qaþ du im : gaggandans gateihats Iohannen þatei gasehwuts jah gahausideduts.*

J., x, 30 : *ik jah atta meins ain siju.*

J., xiv, 23 : *jabai hwas mik frijoþ... jah atta meins frijoþ ina, jah du imma galeiþos* (ἐλευσόμεθα) *jah saliþwos at imma gataujos* (ποιησόμεθα).

J., xvii, 11 : *ei sijaina ain swaswe wit* (mon père et moi).

J., xvii, 21 : *ei allai ain sijaina, swaswe þu, atta, in mis jah ik in þus, ei jah þai in uggkis ain sijaina...*; 22 : *Jah ik wulþu þanei gaft mis, gaf im, ei sijaina ain, swaswe wit ain siju.*

I Cor., iv, 6 : *þo þan, broþrjus, þairhgaleikoda in mis jah Apaullon in izwara, ei in uggkis ganimaiþ ni ufar þatei gameliþ ist fraþjan.*

I Cor., ix, 6 : *þau ainzu ik jah Barnabas nihabos waldufni...?*

I Cor., xii, 21 : *niþþan mag augo qiþan du handau : þeina ni þarf, aiþþau aftra haubiþ du fotum : iggqara ni þarf.*

Eph., vi, 22 : ...*ei kunneiþ hwa bi ugk* (Tychicos et moi) *ist.*

A ces douze passages d'étendues diverses, où le duel est employé avec une parfaite conséquence, et où cet emploi est caractéristique puisque l'original grec a partout le pluriel, s'en opposent quelques autres où, au lieu du duel attendu, on lit le pluriel avec une égale constance, mais où l'usage de ce nombre s'explique par des raisons particulières :

Mt., xi, 21 et 23 : dans la malédiction sur Korazin et sur Bethsaïda, on lit *izwis* et non *iggqis*; mais c'est qu'il s'agit d'une apostrophe toute rhétorique à deux villes; l'auteur, n'étant plus soutenu ici par le sentiment de la langue courante, a calqué le grec; il est curieux que le traducteur slave ait lui aussi en partie le pluriel dans ce passage, malgré la rigueur avec laquelle il emploie d'ordinaire le duel. Dans le passage correspondant L., x, 13 et 14, on lit de même *izwis* deux fois, ce qui montre que l'emploi du pluriel est volontaire; le traducteur a pu du reste penser aux habitants plutôt qu'aux villes.

L., ii, 48 : ...*hwa gatawides uns* (à ton père et à moi) *swa? sai sa atta þeins jah ik winnandona sokidedum þuk*; 49 : *Jah qaþ du im* : *hwa þatei sokideduþ mik? niu wisseduþ þatei...?* Ainsi que le note avec raison M. Cuny, *Le nombre duel en grec*, p. 72, la raison de l'emploi du pluriel est dans la différence de genre; là où il s'agit de sujets de genres différents, les adjectifs sont au pluriel neutre, et il y a en effet dans le texte *winnandona*; c'est donc le pluriel neutre que l'auteur avait ici dans l'esprit.

J., ix, 18-21 : ... *atwopidedun þans fadrein is...*; 19 : ... *sau ist sa sunus izwar þanei jus qiþiþ þatei blinds gabaurans waurþi?* 20 : *Andhofun þan im þai fadrein is jah qeþun : witum þatei sa ist sunus unsar;* 21 : *Iþ hwaiwa nu saihwiþ ni witum, aiþþau hwas uslauk imma þo augona weis ni witum.* Les *fadrein* « père et mère » sont bien deux, mais de sexes différents, de sorte que la cause de l'anomalie est la même que dans le cas précédent.

Il reste un certain nombre d'exemples où les textes présentent, sans raison visible, une hésitation entre le pluriel et le duel.

Mc, x, 35 : *Jah athabaidedun sik du imma Iakobus jah Iohannes... qiþandans : laisari,* wileima *ei þatei þuk bidjos, taujais uggkis;* 36 : *Iþ Iesus qaþ im : hwa* wileits *taujan mik iggis?* 37 : *Iþ eis qeþun du imma : fragif* ugkis *ei ains af taihswon þeinai jah ains af hleidumein þeinai* sitaiwa *in wulþau þeinamma;* 38 : *Iþ Iesus qaþuh du im :* ni wituts *hwis bidjats : magutsu driggkan stikl þanei ik driggka, jah daupeinai þizaiei ik daupjada, ei* daupjaindau? 39 : *Iþ eis qeþun du imma :* magu. *Iþ Iesus qaþuh du im : sweþauh þana stikl þanei ik driggka* driggkats (la traduction de βαπ1ισθήσετε manque dans le manuscrit).

Mc, xiv, 13 : *Jah insandida twans siponje seinaize qaþuh du im :* gaggats *in þo baurg, jah gamoteiþ* iggis *manna kas watins bairands :* gaggats *(gaggast C. A.) afar þamma;* 14 : *Jah þadei* inn galeiþai, *qiþaits þamma heiwafraujin þatei laisareis qiþiþ : hwar sind saliþwos þarei puska miþ siponjam meinaim matjau?* 15 : *Jah sa* izwis taikneiþ *kelikn...; jah jainar* manwjaiþ unsis.

L., ix, 54 : *Gasaihwandans þan* siponjos *is Iakobus jah Iohannes* qeþun : *frauja,* wileizu *ei* qiþaima?

L., xix, 30 : gaggats (ordre donné à deux disciples) *in þo wiþrawairþon haim, in þizaiei* inn gaggandans *bigitats fulan asilaus gabundanana...;* andbindandans ina *attiuhiþ;* 31 : *Jah jabai hwas* inqis fraihnai : *duhwe* andbindiþ? *swa* qiþaits *du imma...;* 33 : *Andbindandam þan im* qeþun þai fraujans *þis du im : duhwe* andbindats *þana fulan?*

Toute la question est de déterminer si les exceptions à l'emploi du duel que présentent sporadiquement ces quatre passages proviennent de l'auteur ou des copistes. *Daupjaindau* de Mc, x,

38 peut être attribué à Wulfila; car le passif n'a qu'un nombre restreint de formes; ce passage est le seul où un passif pourrait figurer au duel, et, comme on y lit la forme du pluriel, rien n'autorise à supposer que, à l'époque de Wulfila, le passif avait des formes spéciales pour le duel. Mais toutes les autres exceptions sont inattendues, et l'on ne conçoit pas qu'un auteur dont la langue est aussi une que celle de Wulfila présente sur ce point particulier une telle incohérence; dans les deux grands passages, Mc, ix, 35 et suiv., et L., xix, 3o et suiv., le duel est la règle, et le pluriel au lieu du duel attendu ne figure qu'à l'état d'exception sporadique; il est inadmissible que le traducteur ait écrit *duhwe andbindip*? L., xix, 3i et *duhwe andbindats*? dans la répétition de la même phrase, *ibid.*, 33, ou *attiuhats* Mc, xi, 2, mais *attiuhip* L., xix, 3o; inadmissible aussi qu'il ait écrit une phrase telle que : *wileima ei patei puk bidjos taujais uggkis*, et ceci à côté de *hwa wileits taujan mik iggis*? On ne saurait dire que le subjonctif n'avait pas de duel, puisqu'on lit *sitaiwa* en un passage, bien qu'il soit possible et même probable que le subjonctif ait perdu ses formes de duel avant l'indicatif. Tout devient clair si l'on admet que Wulfila a partout employé le duel, mais que le duel s'étant perdu par la suite, les copistes ont instinctivement substitué certains pluriels à des duels; le fait qu'on lit *gaggast* au lieu de *gaggats* dans le manuscrit, Mc, xiv, i3, est une légère indication du fait que le copiste n'avait plus le duel des formes verbales dans son parler. La substitution de *qipaima* à *qipaiwa* et de *wileima* à *wileiwa* était particulièrement facile. Enfin la plus grosse faute contre le duel, celle de Mc, xiv, i5, s'explique aisément si l'on considère que le copiste venait de lire tout un passage où il était question des disciples en général et a pu, par distraction, oublier les deux disciples à qui Jésus s'adresse en particulier; ce passage est le seul où la faute soit faite avec une entière conséquence, et porte sur un pronom personnel en même temps que sur une forme verbale, et ceci suffit à indiquer qu'elle ne résulte pas, comme les autres, d'une substitution instinctive du pluriel au duel faite par le copiste, mais d'une erreur portant sur l'ensemble de la phrase; car, à en juger par les divers dialectes germaniques, le duel du pronom personnel a dû survivre à celui du verbe.

Si Wulfila a employé le duel — dans la mesure où le gotique le possédait encore — avec une parfaite constance, il n'a fait que ce qu'ont fait les traducteurs de l'Évangile en vieux slave à une date bien postérieure; la seule différence est que le duel a survécu plus longtemps et plus complètement en slave et que, par suite les copistes ne l'ont pas altéré dans les manuscrits. Au contraire, le duel tendait à disparaître en germanique : le seul exemple d'une forme verbale au duel qu'on signale dans tout le germanique en dehors du gotique est le *(wi)t... waritu* « nous (deux)... avons gravé » d'une inscription runique en vieux norrois; les textes islandais et les inscriptions runiques récentes ne présentent plus aucun duel de forme verbale. Les copistes des textes gotiques, qui étaient des Gots d'Italie, donc occidentaux, et non, comme Wulfila, des Gots orientaux, et qui de plus ont souvent rajeuni l'orthographe des originaux et fait des changements systématiques (v. W. Schulze, *K. Z.*, XLI, p. 173, n. 1), n'ont pu manquer de rajeunir aussi la morphologie et de substituer parfois le pluriel à des duels qu'ils n'employaient plus; on sait que, presque partout, on ne possède qu'un seul manuscrit de chaque partie conservée du texte; là où, par hasard, on a deux manuscrits, des divergences notables avertissent de la liberté avec laquelle les copistes ont traité leurs originaux; ainsi le petit passage Mt., XXVI, 71-XXVII, 1 où l'on a à la fois le *Codex argenteus* et l'*Ambrosianus C* présente de notables différences de vocabulaire entre les deux manuscrits; et, au point de vue de l'orthographe, on notera que le *jah sa* de Mt., XXVI, 71, maintenu dans *C. A.*, est altéré en *jas sa* dans *Ambr. C.*

L'absence accidentelle de variantes pour la plupart des textes a conduit, même les meilleurs et les plus attentifs des linguistes, à une sorte de respect superstitieux des leçons des manuscrits gotiques. On sait pourtant que les copistes ont notablement altéré l'orthographe de Wulfila. Ainsi l'hésitation entre *e* et *ei* ne peut être que le fait des copistes; de même, l'emploi de spirantes sonores à la fin des mots (v. Streitberg, *I. F.*, XVIII, 383 et suiv.). Il y a des détails frappants. Soit, par exemple, le passage Eph., IV, 8, *ussteigands in hauhïþa ushanþ hunþ jah atuhgaf gibos mannam* « ἀναβὰς εἰς ὕψος ᾐχμαλώτευσεν αἰχμαλωσίαν καὶ ἔδωκεν δόματα τοῖς ἀνθρώποις », M. Streitberg, *Got. Elementarbuch*², § 329, Anm. 2, p. 212, voit un « pléonasme remarquable » dans le *jah* à côté de *-uh-*; s'il s'agissait de tout autre texte, personne n'hésiterait sans doute à constater qu'un copiste, ne comprenant plus le *-uh-* inséré entre le préverbe et le verbe, a ajouté le *jah* qui forme pléonasme. — On a aussi peine à croire que Wulfila ait écrit trois fois les prétérits *saislep saislepun*, et deux fois les anciens *saizlep saizlepun* (v. Streitberg, *l. c.*, § 211, p. 136); il est plus naturel de supposer qu'il a écrit partout *saizlep saizlepun*[1], et que,

---

[1] Il est très peu probable qu'il y ait jamais eu d'alternance telle que *saizlep saislepun* par exemple; car il ne semble pas que le parfait indo-européen présentât, comme le présent, le ton sur le redoublement à certaines formes; le sanskrit prouve peu à cet égard, parce qu'il n'admet en principe d'autre mouvement du ton qu'entre élément prédésinentiel et désinence; mais le grec, où l'on a δεδόσθαι δεδομένος en contraste avec δίδοσθαι διδόμενος,

ces formes uniques en leur genre ayant été éliminées dans la langue parlée, les copistes ont parfois introduit les formes qu'ils employaient. — De même, on pourrait être surpris de voir *þarf*, *þaurbum* et *aih*, *aigum* conserver leur changement grammatical, et un autre prétérito-présent *gadars* n'en avoir pas trace; mais un examen plus attentif rend la tradition suspecte à cet égard; en effet, c'est seulement dans le *Codex argenteus*, qui renferme l'Évangile, que l'opposition de *aih* : *aigum* est conservée (sauf une fois : *aihum*, J., xix, 7); les Ambrosiani ont tout brouillé et présentent d'une part *aig*, et de l'autre *aihum*, *aihuþ*, *aihandans*; or, des quatre exemples de *s* au lieu de *z* (*gadaursum*, *gadaursjau* et *gadaursan* deux fois), aucun n'est dans l'Évangile, c'est-à-dire que l'absence de symétrie entre *aih* : *aigum* et *gadars* : *gadaursum* a chance d'être due à l'accident que ces formes n'ont pas été transmises par les mêmes copistes.

La correction en duels des pluriels sporadiques de Mc, x, 35 et suiv., Mc, xiv, 15, L., xix, 30 et suiv., et même du *qiþaima* isolé de L., ix, 54 semble donc s'imposer: aux 1re et 2e personnes du pronom personnel et du verbe, Wulfila employait constamment le duel, et les exemples de formes duelles ne sont rares que parce que les textes offraient peu d'occasions de les employer.

On aurait peut-être hésité davantage à attribuer à Wulfila le caprice bizarre d'insérer au hasard deux ou trois pluriels dans des séries de duels si l'on n'admettait trop souvent que l'emploi du duel était libre dès l'indo-européen. Les anciens textes indo-iraniens et le vieux slave, où le duel est employé avec beaucoup d'exactitude, montrent qu'au contraire le duel était de rigueur en indo-européen. M. Cuny vient d'établir qu'il en était encore de même en vieil attique et sans doute en grec commun (v. *Le nombre duel en grec*, p. 78 et suiv.). Si, chez Homère (et par suite chez la plupart des poètes), le duel est employé d'une manière incohérente et capricieuse, c'est que les auteurs des poèmes homériques ne connaissaient plus le duel que par tradition littéraire, et que, de leur temps, les parlers d'Asie Mineure avaient perdu ce nombre, comme l'a marqué M. Cuny, *l. c.* p. 487 et suiv.

En ce qui concerne le pronom personnel, la persistance du duel était entière en germanique commun. Tous les anciens dialectes conservent encore, ou régulièrement, ou du moins à l'état de traces, les formes du duel du pronom personnel. Et, ce qui

---

vient appuyer le témoignage du sanskrit (v. *M. S. L.*, XIII, 110 et suiv.); got. *saizlep saizlepun* et v. isl. *sera* concordent avec ce qu'enseignent le sanskrit et le grec.

atteste nettement la vitalité de ces formes, c'est qu'elles résultent toutes de réfections et d'innovations proprement germaniques. C'est grâce à l'addition du nom de nombre « deux » au nominatif des pronoms personnels[1], puis à l'obscurcissement de la forme de ce nom de nombre dans les formes ainsi constituées, et aux actions analogiques qui s'en sont suivies dans les autres cas que le duel s'est maintenu dans le pronom, et, par contre-coup, dans une partie des formes verbales.

Dans tous les noms autres que les pronoms personnels, le duel a cessé d'avoir des formes propres dès le germanique commun, et ceci a entraîné la perte de la 3e personne du duel dans le verbe. On croit retrouver dans les noms germaniques des restes du duel; mais les hypothèses faites à cet égard sont toutes très douteuses; la plus séduisante était celle relative à v. angl. *nosu*, dont M. Osthoff, *I. F.*, XX, 193, a démontré la fragilité. Et ce qui montre que le fait est germanique commun, et ne résulte pas d'un développement parallèle des divers dialectes germaniques, c'est que cette disparition a partout entraîné une même conséquence qui n'était pas nécessaire. M. Meringer a montré, *K. Z.*, XXVIII, p. 238 et suiv., que l'emploi germanique commun du pluriel neutre de l'adjectif se rapportant à deux noms de genres différents repose sur une confusion des formes du nominatif-accusatif pluriel neutre et du nominatif-accusatif duel masculin : $*$-*ō* et $*$-*ā* intonés de même aboutissaient en effet au même résultat germanique[2]. Cette doctrine n'a, il est vrai, été reproduite ni par M. Delbrück, *Vergl. Synt.*, III, p. 246, ni par M. Brugmann, *Abrégé de gramm. comp.*, § 882; mais elle doit néanmoins être maintenue; en effet, si l'on peut concevoir qu'un adjectif au

[1] Le type got. *wit* a été expliqué par $*$*we-dwo* « nous deux », *M. S. L.*, XIII, 208 et suiv. On pourrait objecter que le *w* de $*$*dwo* aurait dû, non disparaître, mais se vocaliser en *u*, comme dans *skadus* (v. Streitberg, *Got. Elementarbuch*[2], § 35, Anm. I, p. 53); mais cette vocalisation n'est attestée que devant consonne finale, ainsi dans *skadus*, ou à la finale absolue après une voyelle avec laquelle *u* vient faire diphtongue, ainsi dans *triu*. Il est probable que $*$*dwo* est conservé en gotique dans le neutre *twa* (cf. *hwa* = lat. *quod*); car les longues finales se maintiennent dans les monosyllabes, quelle que soit l'intonation, comme le montre le nom.-acc. plur. n. þo, et, pour expliquer *twa*, on est obligé de supposer, tout à fait arbitrairement, que ce *twa* serait inaccentué (v. Janko, *I. F. Anz.*, XV, p. 249). De même le *twa* de *twa þusundja* ne peut guère répondre à v. sl. *dĭvě*, mais repose plutôt sur $*$*dwo*, forme de genre indistinct; ceci ne contredit du reste pas le fait que got. *twa þusundja* est une survivance du duel (v. Streitberg, *I. F.*, XVIII, 421 et suiv.).

[2] L'hypothèse de M. van Wijk, *I. F.*, XXII, p. 250 et suiv., que, à la fin des mots, $*$-*ā*- et $*$-*ō*- auraient en germanique des traitements distincts, n'intéresse pas le cas de $*$-*ā* et $*$-*ō* en finale absolue, où la confusion est certaine. — L'explication de v. isl. þau et *tuau* que propose le même savant, *ibid.*, p. 263, ne semble pas devoir être préférée à l'explication soutenue ci-dessus, que la critique de M. van Wijk n'atteint pas. (Note de correction.)

neutre se rapporte à deux noms d'objets de genres différents, pareille hypothèse est inadmissible là où il s'agit de deux noms de personnes; il convient seulement de retenir que, si l'emploi du pluriel neutre a lieu uniquement en cas de sujets de genres différents, c'est que le germanique avait pour les noms d'objets une règle pareille à celle du latin, type : (*nuntiatum est*) *Formiis portam murumque de caelo tacta* (*esse*), v. Riemann-Lejay, *Syntaxe latine*⁴, § 23. Au cas où un doute subsisterait, il serait levé par le nom.-acc. plur. n. v. isl. þau, qui suppose nécessairement une confusion des formes du pluriel neutre et du duel (v. Noreen, *Grundr. d. germ. Phil.*, I² 621 et suiv.); cf. le neutre du nom de nombre «deux», v. isl. *tuau*, que M. Streitberg a rapproché de skr. *dvaú* (masc.); les objections de M. van Helten, *I. F.*, XVII, 87 et suiv., n'ont rien de décisif, car elles laissent de côté l'influence directe du duel sur le neutre pluriel dans le démonstratif, telle qu'elle est supposée ici : la finale intonée rude **-ő* servait au nominatif-accusatif à la fois pluriel neutre et duel masculin-neutre en germanique commun; les deux formes ont été rendues identiques, si bien que l'adjectif duel qui se rapportait à deux noms de genres différents a passé pour un pluriel neutre, et que le doublet -*au* de **-ő* du duel a servi de pluriel neutre. Au point de vue des dialectes germaniques historiquement attestés, la finale des adjectifs en question n'a plus en aucune mesure le caractère d'une forme de duel, pas plus que la forme en -*a* des substantifs russes modernes précédés des noms de nombre «deux», «trois» et «quatre»; et on lit ce pluriel neutre dans tel passage où le duel serait impossible : Mc, III, 31 : *Jah qemun þan aiþei is jah broþrius jah uta* standandona *insandidedun du imma*, haitandona *ina*. Le pluriel neutre de l'adjectif se rapportant à deux sujets est donc bien un pluriel au point de vue germanique, et nullement un duel. Et c'est le caractère germanique commun de cette confusion qui prouve que les substantifs et les adjectifs germaniques avaient perdu leurs formes de duel, alors que les pronoms personnels et les verbes conservaient rigoureusement les leurs.

De l'exposé qui précède, il résulte que la chronologie de la disparition du duel germanique doit être posée ainsi :

1ᵉʳ moment. Le duel est éliminé dans tous les noms autres que les pronoms personnels proprement dits (donc de 1ʳᵉ et 2ᵉ personnes) et dans les verbes. — Cette élimination est entièrement préhistorique et commune à tous les dialectes germaniques; elle a eu pour conséquence, dans tout le domaine, la règle relative à l'accord de l'adjectif avec deux noms de genre différent, et la perte du duel dans les 3ᵉˢ personnes verbales;

2ᵉ moment. Les formes verbales de 1ʳᵉ et 2ᵉ personnes perdent

l'expression du duel. Cette perte est postérieure à la traduction
de Wulfila et aux plus anciennes inscriptions runiques, mais
antérieure à tous les autres documents germaniques connus;

3e moment. Le duel des pronoms personnels est éliminé. Ce
phénomène s'est produit à date historique dans chacun des dialectes.

III. — DE L'EMPLOI DES PRONOMS PERSONNELS AU NOMINATIF.

Les textes gotiques présentent un emploi du nominatif des pronoms personnels qui recouvre exactement l'emploi grec : le traducteur met le pronom personnel là où il le trouve dans l'original
grec, et l'omet où il ne le voit pas. Les quelques exceptions
qu'on a relevées ont peu d'intérêt; il est du reste impossible d'af-
firmer qu'elles ne sont pas dues en partie à des variantes acciden-
telles de l'original que Wulfila avait sous les yeux, ou à des innovations de copistes. Si l'on acceptait à la lettre le témoignage des
textes, on admettrait donc que, en gotique comme en grec ancien
— et comme en indo-européen — le verbe suffisait à indiquer
la personne, et que le nominatif du pronom personnel était une
apposition destinée à insister sur ce « sujet ».

La comparaison des autres dialectes germaniques fait apparaître
cette conclusion comme peu vraisemblable, ainsi que l'a déjà
indiqué M. Erdmann. Dans tous en effet le pronom personnel se
joint aux formes verbales de 1re et 2e personnes d'une manière à
peu près constante, et il faut des circonstances particulières
pour dispenser de cet emploi. Si la personne est indiquée par
ailleurs, le pronom personnel peut manquer. M. Holthausen,
Altsächs. Elementarbuch, § 328, 4, marque bien l'état des choses en
vieux saxon. En ce qui concerne le vieux haut-allemand, M. K. Held
en a fait une étude détaillée : *Das verbum ohne pronominales Subjekt*
(*Palaestra*, XXXI); M. Held s'efforce de montrer que l'emploi du
verbe sans sujet s'est maintenu en allemand jusqu'à l'époque
moderne; mais de son exposé il résulte que seuls les textes
traduits du latin présentent l'absence de pronoms d'une manière
ordinaire; les textes poétiques, plus autonomes, ont constamment le pronom; et ceux des auteurs en prose qui ont le souci
d'écrire une langue correcte et régulière n'omettent pas non plus
le pronom; l'absence de pronom est parfois le résultat d'une
manière abrégée de s'exprimer, qu'on rencontre assez souvent
dans le langage populaire; mais le type normal de la langue est
le verbe avec pronom. Or, le vieux haut-allemand est le dialecte
germanique où, en dehors du gotique, l'absence du pronom est
le moins rare. On peut donc dire que l'emploi du nominatif du
pronom personnel est partout la règle. Et il en a été ainsi dès une

époque très ancienne. Les plus vieilles inscriptions runiques présentent déjà *hateka*, *haiteʒa* «je m'appelle», etc., et ceci là même où l'inscription commence par l'apposition au verbe de *ek* «moi». L'absence du pronom est exceptionnelle. Or, d'une manière générale, le vieux norrois runique a à peu près le même degré d'archaïsme que le gotique, si même il n'est plus archaïque.

Le gotique, comme le sanskrit et le grec, ignore entièrement l'usage du nominatif enclitique du pronom personnel, alors que ces formes enclitiques tiennent une grande place dans les autres langues germaniques. Il n'a que des formes anciennement toniques, et par suite préposées plutôt que postposées, qui sont placées auprès du verbe quand il y a lieu. Le point de départ de l'emploi gotique est donc identique à celui qu'on observe en grec et en sanskrit.

En tenant compte de la littéralité stricte de la traduction, l'état du seul texte gotique attesté, celui de Wulfila, ne prouve qu'une chose : c'est que la jonction du pronom personnel au verbe n'était pas de rigueur absolue; et c'est en effet ce que font attendre les usages du vieux norrois runique et les faits allemands exposés par M. Held. Mais, pour déterminer si la jonction du pronom personnel était en gotique parlé le cas le plus ordinaire, on ne peut recourir qu'à des témoignages indirects. On en aperçoit deux qui concourent également à attester un usage courant du pronom personnel.

Il y a tout d'abord celui du duel : comme on l'a vu, le maintien des formes du duel dans le verbe ne peut s'expliquer que par l'influence du pronom personnel, puisque seules subsistent celles des formes verbales du duel qui ont en face d'elles des formes correspondantes du pronom personnel. L'influence du pronom ne se serait sans doute pas exercée avec cette intensité s'il n'avait été joint au verbe que dans certains cas particuliers, et à titre d'apposition autonome, comme il l'est en indo-iranien, en grec, en latin, etc.

Un second témoignage, plus probant et plus important, est celui qui résulte de la confusion des formes personnelles. Au parfait fort, la 1re et la 3e personne du singulier n'ont dans le germanique tout entier qu'une même forme; la confusion est le résultat régulier du développement phonétique; mais aucune innovation analogique n'est intervenue dans aucun dialecte pour dissiper cette confusion, preuve qu'il n'en résultait pas de gêne, et par suite que la personne était exprimée par autre chose que par la forme verbale elle-même. Fait plus décisif, la plupart des dialectes germaniques ont introduit des confusions de formes

personnelles que la phonétique n'imposait pas. Dans le groupe
des dialectes occidentaux, le vieux haut-allemand où l'emploi du
pronom n'est pas absolument nécessaire n'a pas ajouté de confusions nouvelles à celles du germanique commun; mais le vieil
anglais, le vieux frison et le vieux saxon s'accordent à n'avoir
qu'une seule forme pour les trois personnes du pluriel; en vieil
islandais, c'est la 2ᵉ et la 3ᵉ du singulier du présent qui n'ont
qu'une seule et même caractéristique. La condition première de
ces confusions est que la personne soit exprimée par autre chose
que par la forme verbale, donc par le nominatif du pronom. Or,
le gotique a une série de ces confusions, non pas, il est vrai, à
l'actif, mais au passif, où la 1ʳᵉ et la 3ᵉ personne du singulier
n'ont qu'une même forme, empruntée à la troisième, type *bai-
rada*, et où — sans parler du duel absent, mais de l'absence duquel on n'a qu'un seul témoignage probant — les trois personnes
du pluriel en ont aussi une seule également empruntée à la
troisième, type *bairanda*. La façon dont la flexion du passif a été
simplifiée en gotique atteste d'une manière certaine un emploi à
peu près normal du pronom personnel joint au verbe : sans *jus*,
une phrase comme II Cor., vi, 12 *ni þreihanda jus in uns* « οὐ στενο-
χωρεῖσθε ἐν ἡμῖν » serait simplement inintelligible. Toutefois,
en ce qui concerne le pluriel, il faut tenir compte d'un fait particulier : il n'est pas établi que le germanique ait reçu jamais
les 1ʳᵉ et 2ᵉ personnes moyennes du pluriel (cf. Hirt, *I.F.*, XVII,
71); en effet les désinences moyennes de ces personnes ne sont
attestées que pour le grec et l'indo-iranien; les langues les plus
voisines du germanique à tous égards, à savoir le celtique et
l'italique, n'en ont pas trace pour la 1ʳᵉ personne; le latin et le
vieil irlandais ont des formes tirées de la 1ʳᵉ personne active par
addition de -r- : lat. *loquimur*, v. irl. *labrimmir*, -*labrammar* (et
ceci rend superflues les hypothèses, très douteuses en elles-
mêmes, qu'on a proposées sur le traitement d'une désinence, du
reste mal établie, i.-e. *-medhai* en gotique; v. van Helten, *I. F.*,
XIV, 88); pour la 2ᵉ personne, le latin a une forme nominale,
loquiminī, et le vieil irlandais une forme identique à celle de
l'actif, *labrithe*, -*labraid*. On retiendra cependant que le gotique
n'a pas créé des formes propres à ces personnes comme le latin
et le celtique. Au lieu que le prétérit ait reçu des caractéristiques
pour remplacer celles que l'usure phonétique lui faisait perdre,
c'est le prétérit qui a servi de modèle à d'autres groupes pour y
supprimer les caractéristiques de personnes.

Si les pronoms personnels tendent ainsi à se réduire, dès le
germanique commun, au rôle de simples marques de personnes
et à remplacer les anciennes caractéristiques personnelles de l'indo-européen, c'est que ces caractéristiques avaient perdu beau-

coup de leur clarté; les variations de place de ton du type athé-
matique avaient disparu et n'avaient laissé de traces indirectes
que dans certains verbes où le parallélisme des autres tendait à
éliminer l'alternance grammaticale; des alternances vocaliques,
il ne restait presque rien de net; et, quant aux désinences, l'af-
faiblissement progressif des finales, quand il ne les réduisait pas
au néant, comme aux 1re et 3e pers. sing. du prétérit, les mutilait
et leur enlevait toute importance dans le mot : pour obtenir une
désinence un peu nette -*st* de 2e pers. sing. du présent, le vieux
haut-allemand et le vieil anglais ont dû ajouter un pronom inaccentué à l'ancienne désinence de 2e personne; et cette fixation
suffit à elle seule pour attester la tendance à l'emploi constant
du pronom.

Sur le rôle du pronom comme à tant d'autres égards, le gotique fournit donc un témoignage systématiquement faussé par
l'influence des originaux grecs. Seul le principe de calquer l'original grec dans le détail justifie une phrase presque inintelligible
au premier abord comme la suivante : Mt. vi, 14 : *unte jabai afletiþ
mannam missadedins ize, afletiþ jah izwis atta izwar* « ἐὰν γὰρ ἀφῆτε
τοῖς ἀνθρώποις τὰ παραπτώματα αὐτῶν, ἀφήσει καὶ ὑμῖν ὁ πατὴρ
ὑμῶν »; dans la pratique courante de la langue, on aurait dit
sans doute : *jabai jus afletiþ*.

L'usage de Wulfila montre du moins que l'emploi du nominatif du pronom personnel auprès du verbe n'était pas chose
constante. Mais, là où quelque prétexte permettait d'employer
le pronom, le traducteur n'y manque pas; ainsi Mt. vi, 8, où le
grec a : οἶδε γὰρ ὁ πατὴρ ὑμῶν ὧν χρείαν ἔχετε πρὸ τοῦ ὑμᾶς
αἰτῆσαι αὐτόν, le pronom ὑμᾶς nécessité par la forme infinitive de
la phrase, mais nullement appelé par un besoin d'insister sur la
personne, est soigneusement traduit, et entraîne par symétrie
l'emploi de *jus* devant le verbe précédent : *wait auk atta izwar þizei
jus þaurbuþ, faurþizei jus bidjaiþ ina*; cette phrase, qu'un hasard
seul a rendue possible, donne une idée de ce qu'a pu être l'usage
de la langue dans l'emploi du nominatif des pronoms auprès du
verbe. M. K. Held, *l. c.*, p. vii et suiv., enseigne que l'addition
du pronom est une finesse de style du traducteur partout où on
le rencontre; l'observation paraît justifiée en une certaine mesure. Mais il demeure que, toutes les fois que la traduction dé-
vie de l'original, c'est pour ajouter des pronoms, jamais pour en
omettre. On est ainsi conduit à conclure que la langue tendait à
généraliser l'emploi du pronom, mais que la tendance n'avait
pas encore abouti complètement; le sens de l'ancienne autonomie
du nominatif du pronom personnel n'était pas aboli; et l'on était
très loin d'un usage, tel que celui du français moderne, où le
pronom est nécessaire et où, malgré la possibilité d'insertion de

2

certains petits mots entre le pronom et le verbe, il est devenu un élément constitutif de la flexion verbale. Tout faussé qu'il soit par l'influence de l'original, le témoignage offert par la traduction gotique n'est donc pas dénué d'intérêt.

Les autres dialectes germaniques présentent une situation très différente parce qu'ils possèdent des nominatifs enclitiques des pronoms personnels; ces formes sont totalement inconnues aux deux idiomes où le ton est encore directement attesté, le grec et le sanskrit védique; mais certaines autres langues en ont la trace (v. Osthoff, *M. U.*, IV, 268 et suiv.). De même que l'on a des formes enclitiques postposées : v. isl. *đu*, v. angl. *þu*, v. h.-a. *du* (et *do*), ou aussi v. h.-a. et v. angl. *bis-t*, etc., en regard des formes accentuées : v. isl. et v. angl. *þú*, v. h.-a. *dū*, le vieux prussien oppose d'ordinaire *turri tu* à *tou turri*, suivant la remarque de Joh. Schmidt, *Pluralbild.*, p. 219 et suiv., n. L'ancien arménien a de même très fréquemment *du* postposé, soit à un vocatif, comme dans *kin du* «ô femme», soit à un impératif, comme dans *tes du* «vois», *laç du* «pleure», soit à un indicatif, comme dans *kares du* «tu peux», *xndrēr du* «tu demandais»; et le *d* initial de arm. *du* s'explique précisément par le caractère inaccentué de cette forme, comme le prouvera une note à la suite de cet article. Enfin M. Bartholomae, *Altiran. Wörterbuch*, col. 654 et suiv., a réuni les exemples de gâth. *tū* enclitique, distinct de la forme tonique *t(u)vəm* = véd. *t(u)vám*.

A la 1re personne du singulier, le germanique a aussi des pronoms enclitiques, par exemple dans le type v. norr. run. *hate-ka* «je m'appelle», v. h.-a. *hilu-h*. Et l'arménien répond par des groupes constitués par un verbe avec *es* postposé.

A la 2e personne du pluriel, les gâthâs de l'Avesta ont un enclitique *yūš* (répondant pour la forme à v. pruss. *ious*, lit. *jūs*, got. *jus*) en regard de la forme tonique *yūž-əm*, cf. skr. *yūy-ám*. Et l'on en rapprochera par exemple le type v. angl. *binde gē*.

A la 1re personne du pluriel, le vieil anglais a de même *binde wē*; mais ce n'est sans doute pas la forme ancienne du pronom enclitique au nominatif. En effet le vieux haut-allemand a une désinence *-mēs* où l'on a entrevu depuis longtemps un ancien pronom enclitique (v. A. Kuhn, *K. Z.*, XVIII, 332 et suiv.; Hirt, *I. F.*, XVII, 73; cf. toutefois Kögel, *P.B.B.*, VIII, 126; Braune, *Ahd. Gramm.*², p. 223 et suiv.; Dieter, *Altgerm. Dial.*, p. 505 et suiv.); l'hypothèse n'est pas admise par la plupart des linguistes et ne va pas sans difficultés; car *-s* final n'est pas le représentant de i.-e. **s* (cf. v. h.-a. *hwer* «qui»), et il n'y a pas trace de gémination l'*m*; mais le rapprochement de v. h.-a. *-mēs* avec skr. *-masi* n'est

pas satisfaisant, parce que d'une part l'indo-iranien n'a que *-masi*
et non *-*māsi* et que, de l'autre, l'-*i* final semble dû à un élar-
gissement indo-iranien, résultant d'une innovation analogique,
grâce à laquelle la désinence primaire a une syllabe de plus que
la désinence secondaire -*mă*. Le plus probable est donc que l'allemand préhistorique aura joint à ses premières personnes du pluriel quelque particule enclitique analogue aux particules ren-
forçantes du vieil irlandais, et consistant peut-être simplement
en une voyelle; la forme demeure énigmatique. Mais il y a un fait
celtique parallèle, qui est plus clair; car ce même pronom
enclitique **mēs* fournit la seule explication plausible de la désinence -*mmi* du vieil irlandais; la désinence absolue -*mmi* a en effet *m* géminée par opposition à l'*m* aspirée de la désinence con-
jointe (v. Vendryes, *Gramm. du v. irl.*, p. 184, avec la bibliographie
indiquée) et suppose par conséquent une finale -*m* représentant
la désinence indo-européenne, plus l'enclitique **mēs*; dans les
flexions autres que celle de l'indicatif présent, le brittonique présente
des formations correspondantes ayant *m* géminée, qui exigent la
même interprétation (v. H. d'Arbois de Jubainville, *Élém. de la
gramm. celt.*, p. 145 et 147); ici l'hypothèse d'une influence du verbe
« être », que propose M. Brugmann, *Grundr.*, II, p. 1354, pour
l'irlandais, semble exclue. Et en effet l'ancien arménien emploie
fréquemment *mekh* inaccentué et postposé, comme *es* et *du*; et
mekh ne diffère de v. irl. -*mi* que par la quantité brève de l'*e*,
qui se retrouve dans lit. *mēs* (le v. sl. *my* représente au contraire
**mōs*, mais peut être une forme analogique ou contaminée avec
**nōs*). On doit donc se demander si **mēs* ne serait pas la forme
enclitique, en regard de la forme tonique : skr. *vay-ám*, v. h.-a.
wir.

NOTE SUR LE D INITIAL DE ARM. DU.

Ainsi qu'on l'a déjà remarqué, le *d* initial de arm. *du* « toi,
tu », au lieu de *th* qui est le représentant normal de i.-e. **t* initial en arménien, tient à ce que *du* est, dans une grande partie
de ses emplois, inaccentué (v. A. Meillet, *Esquisse d'une gramm.
comp. de l'arm. class.*, p. 15). Le *d* de l'anaphorique *da* et de tout
le groupe du démonstratif *ayd* (**ai* + *to-*, avec accent sur **ai*) et
de l'article -*d* s'explique de même; car les anaphoriques arm. *sa,
da, na* ont fréquemment un emploi enclitique et se postposent
au verbe, comme les pronoms *es, du, mekh, dukh*.

La sonorisation d'une initiale inaccentuée n'est pas un phénomène rare; le vieil islandais oppose de même la sonore de *đu* « tu »,
đinn « ton », *đat* « le », etc. inaccentués à la sourde de þú, þinn,
þat, etc. accentués : arm. *d* est à *th* ce que v. isl. *đ* est à þ; et

2.

en effet v. isl. *gef du* «donne» est exactement comparable à arm. *tes du* «vois». En anglais moderne, l'article (inaccentué) *the* a *d* initial en regard du þ des mots principaux tels que *thought*, etc. En ancien irlandais le préverbe accentué *to* a pour forme inaccentuée *do*, et l'on ne saurait soutenir que *d* initial passe devant l'accent à *t*, car le préverbe *di* par exemple (dont la forme inaccentuée est aussi *do*) conserve son *d*, comme les autres mots à *d* initial; et d'ailleurs le possessif *to* «ton», inaccentué, est aussi devenu *do* en irlandais (v. Vendryes, *Gramm. du vieil irlandais*, § 163, p. 82), le *b* de v. irl. *bar, bor* «votre», à côté de *far, for* (Vendryes, *l. c.*, § 54, p. 33) n'est donc peut-être pas simplement graphique; et M. Thurneysen a nettement enseigné que les anciennes sourdes sont en irlandais moderne des sonores à l'initiale des petits mots inaccentués (*I. F. Anz.*, IX, 46). M. Delbrück (*I. F.*, XXI, 355 et suiv.) a soutenu, avec beaucoup de vraisemblance, que le *d* initial de got. *du* et *dis-*, qui sont inaccentués (ce qui ne prouve pas qu'ils aient été primitivement atones), représenterait un *t* germanique commun. M. Jac. van Ginneken, dans ses *Grondbeginselen der psychologische taalwetenschap*, II, p. 256 [1], avait déjà exprimé la même idée, et de plus expliqué par là le préverbe germ. *ga-* en regard de italo-celt. *ko-*; on sait que, à côté de l'enclitique *-k(a)*, le vieux norrois runique a *-za*, et le vieil islandais *-g*, à côté de *-k*, comme pronom enclitique de 1re pers. sing. Et M. Finck a indiqué que le polynésien commun **te* est représenté à Samoa par *le* dans l'article, tandis que *t* demeure partout ailleurs dans le même dialecte (*Die Sprache der armenischen Zigeuner*, p. 59; *Mém. de l'Acad. des sc. de Saint-Pétersbourg*, viiie série, vol. VIII, n° 5).

Le passage de *t* à *d* en arménien et en gotique, de þ à *ð* en islandais et en anglais n'a rien de surprenant, étant donné que dans les dialectes germaniques et arméniens, la prononciation des sourdes et des sonores, profondément troublée par la mutation consonantique, n'a jamais retrouvé un équilibre stable; *th* est devenu *d* d'une manière universelle en haut-allemand, les spirantes *f*, þ et *s* sont devenues sonores à l'initiale dans les parlers anglais méridionaux, etc.; en irlandais, il est plus malaisé de trouver des faits analogues; toutefois, à la fin du mot, les spirantes sourdes et sonores tendent à se confondre; ainsi le *th* (c.-à-d. þ) final, encore écrit régulièrement dans le sermon de Cambrai, est ensuite noté *d*, qui est tout aussi bien la notation de *d* spirant que de *d* occlusif (v. Vendryes, *Gramm. du v. irl.*, § 41-43, p. 28-29). Ce sont donc les langues où il y a un cer-

---

[1] V. maintenant l'édition française du même ouvrage, *Principes de linguistique psychologique*, p. 478 et suiv. [Note de correction.]

tain trouble de l'emploi des vibrations glottales des consonnes qui présentent l'altération observée ici dans les mots inaccentués et accessoires.

Un autre phénomène qui reconnaît la même cause a été constaté en irlandais; c'est le passage de *s* initiale à *h* (d'où zéro) qui a eu lieu dans trois mots accessoires et inaccentués : l'article *ind*, l'adverbe *amail, amal* «comme» (à côté de *samail* «ressemblance») et le verbe «être», 3e plur. *it*; ailleurs *s* initiale subsiste en irlandais; mais le passage de *s* à *h* s'est produit en irlandais entre voyelles d'une manière générale, et de plus à l'initiale dans les dialectes brittoniques; le changement était donc de ceux qui étaient dans l'esprit même de la langue; la tendance à l'ouverture de *s* ne suffisait pas à elle seule à déterminer le passage à *h*; mais combinée avec la débilité qui caractérisait les mots accessoires et inaccentués, elle a abouti. — On trouve de même en vieil irlandais *rith* inaccentué, à côté de *frith* (v. Vendryes, *Gramm. du v. irl.*, § 164, p. 82). — Fait analogue; certains dialectes grecs qui conservent d'ailleurs l'aspiration initiale, le locrien par exemple, notent l'article par ὁ, et non par *ho*.

IV. — LA PHRASE NOMINALE PURE.

Il y a dans les textes gotiques quelques phrases nominales pures qui ne sont pas dues à l'influence des originaux grecs. Les principaux exemples sont les trois suivants où le prédicat est *kara* : Mt., xxvii, 4 : *hwa kara unsis*? «τί πρὸς ἡμᾶς;» — Mc, iv, 38 : *niu kara þuk þizei fraqistnam*? «οὐ μέλει σοι...;» — Mc, xii, 14 : *jah ni kara þuk manshun* «οὐ μέλει σοι περὶ οὐδενός;» les deux autres cas où figure *kara* dans le même tour présentent le verbe «être», l'un d'une manière nécessaire, parce que la forme n'est pas celle du présent de l'indicatif : J., xii, 6 : *ni þeei ina þize þarbane kara wesi* (ἔμελεν), et l'autre a été introduit — peut-être par un copiste — sous l'influence d'un verbe «être» précédent : J., x, 13, *asneis ist jah ni kar ist ina* (οὐ μέλει) *þize lambe*. Outre *swe biuhts* Mc, x, 1, déjà cité *M. S. L.*, XIV, 21 [1], on peut encore noter:

[1] La phrase nominale pure est moins rare dans certaines langues indo-européennes qu'il n'a été indiqué dans cet article de *M. S. L.*, XIV, 1 et suiv. En ce qui concerne le latin, v. Lindsay, *Syntax of Plautus*, V, 8 (p. 55 et suiv.), et la bibliographie citée; toutefois, à l'époque républicaine, l'usage de la phrase nominale pure est limité à certains tours spéciaux; si les poètes postérieurs y ont recouru davantage, c'est sans doute sous l'influence de leurs modèles grecs. En ce qui concerne l'irlandais, M. Vendryes a depuis insisté sur le type *ro cét* (*Rev. celt.*, XXVIII, 346 et suiv.) et en a montré l'importance dans le développement du passif irlandais; cf. aussi Vendryes, *Gramm. du vieil irlandais*, § 599-604, p. 320-322. — [Sur la théorie générale des phrases nominales, v. Jac. van Ginneken, *Principes de linguistique psychologique*,

I Cor., xvi, 12 : *iþ qimiþ biþe uhtiug* «ἐλεύσεται δὲ ὅταν εὐκαιρήσῃ». C'est sans doute à peu près tout; on y joindra l'apostrophe *hails* traduisant χαῖρε Mc, xv, 18 et J., xix, 3. Ces rares exemples autonomes font comprendre comment le traducteur a pu calquer un bon nombre de phrases nominales pures du grec sans y introduire le verbe «être»; la phrase nominale pure subsistait encore en gotique, dans une mesure très restreinte, il est vrai; mais il n'en fallait pas plus pour autoriser Wulfila à ne pas introduire en bien des cas une copule que le grec ne lui offrait pas.

La constance presque absolue de l'emploi du verbe «être» en gotique ressort des cas où le gotique a des phrases nominales indépendantes du texte grec : *ni skuld ist* «οὐκ ἔξεστι» Mt., xxvii, 6; *skuld ist* «δεῖ» I Cor., xv, 53; *gadob ist* «πρέπει» I Tim., ii, 10; *fraujin þaurfts þis ist* «ὁ κύριος αὐτοῦ χρείαν ἔχει»; *ni ganohai sind* «οὐκ ἀρκοῦσιν» J., vi, 7; *wan ist* «ὑστερεῖ» Mc, x, 21; *hwaiwa mahts ist manna gabairan* «πῶς δύναται ἄνθρωπος γεννηθῆναι...» J., iii, 4, et ainsi dans un nombre illimité d'exemples. Les passifs grecs sont souvent traduits par des participes, et alors le verbe «être» ne manque jamais : *gameliþ ist* «γέγραπται» L. xix, 46; *meinata mel ni nauh usfulliþ ist* (οὔπω πεπλήρωται) J. vii, 8; etc. De même τὰ τῆς σαρκός est traduit par *þo þoei leikis sind* Rom., viii, 5, et ὁ ὢν ἐπὶ πάντων par *saei ist ufar allaim* Rom., ix, 5, etc.

Ceci posé, il serait intéressant de rechercher dans quels types de phrases le traducteur a maintenu la phrase nominale pure, et dans quels il a introduit le verbe «être», sans d'ailleurs perdre de vue que les copistes ont pu ajouter quelques verbes «être» que Wulfila, scrupuleux traducteur de la lettre du texte sacré, n'avait pas employés. Il va de soi que le verbe «être» est reproduit partout où le grec le présente.

C'est surtout dans les phrases interrogatives que le verbe «être» semble n'avoir pas été indispensable; les exemples cités ci-dessus prouvent la nécessité du verbe «être» dans les phrases énonciatives ordinaires, mais il n'en résulte rien pour les phrases qui comprennent un pronom interrogatif. On a par exemple II Cor., vi, 14 : *hwo dailo garaihtein miþ ungaraihtein?* «τίς μετοχὴ δικαιοσύνῃ καὶ ἀνομίᾳ;» — Mc, v, 9 : *hwa namo þein?* «τί τὸ ὄνομά σου;» — L.viii, 45 : *hwas sa tekands mis?* «τίς ὁ ἁψάμενός μου;» — etc. Là où il n'y a pas de pronom interrogatif, on a au contraire : Rom., vii, 7 : *witoþ frawaurhts ist?* «ὁ νόμος ἁμαρτία;». Même

§ 139, p. 109 et suiv.; mais il faut maintenir que le thème verbal i.-e. *es-* est celui d'un verbe indiquant l'existence, plutôt que celui d'un démonstratif.]

avec un interrogatif exprimé, on lit parfois un verbe « être » ajouté
au texte : I Cor., xv, 55 : *hwar ist gazds þeins, dauþu ? hwar ist sigis
þein, halja ?* « ποῦ σου, θάνατε, τὸ κέντρον, ποῦ σου, θάνατε,
τὸ νῖκος ; ».

L'emploi du verbe « être » n'est pas non plus de rigueur dans
les phrases relatives : L., viii, 41 : *wair þizei namo Iaeirus* « ἀνὴρ
ᾧ ὄνομα Ἰάειρος... » (de même L., i, 27) — II Cor., iii, 17 :
þarei ahma fraujins, þaruh freihals ist « οὖ δὲ τὸ πνεῦμα κυρίου, ἐκεῖ
ἐλευθερία ». — L., xvii, 37 : *þarei leik, jaindre galisand sik arans*
« ὅπου τὸ σῶμα, ἐκεῖ... », etc.

Enfin il faut citer les formules générales : L. xiv, 34 *god salt*
« καλὸν τὸ ἅλας. » — L. x, 2 *asans managa, iþ waurstwjans fawai*
« ὁ μὲν θερισμὸς πολύς, οἱ δὲ ἐργάται ὀλίγοι » ; le même exemple
se retrouve textuellement Mt. ix, 37, aussi sans verbe « être », et
ceci tend à indiquer que l'absence de « être » dans la traduction
n'est pas l'effet d'un pur caprice. — I Cor., xv, 56 *aþþan gazds
dauþaus frawaurhts, iþ mahts frawaurhtais witoþ* « τὸ δὲ κέντρον
τοῦ θανάτου ἡ ἁμαρτία, ἡ δὲ δύναμις τῆς ἁμαρτίας ὁ νόμος » (à
côté du verset cité ci-dessus où *ist* a été ajouté dans une phrase
interrogative).

En dehors de ces cas spéciaux, il semble difficile de formuler
aucune règle. La phrase nominale subsiste peut-être plus souvent
dans la traduction des épîtres que dans le texte plus courant,
plus familier, et plus facile de l'Évangile. Néanmoins il ne
manque pas d'exemples comme celui-ci : Rom., xiii, 10 : *usfulleins
nu witodis ist frijaþwa* « πλήρωμα οὖν νόμου ἡ ἀγάπη », avec *ist*
ajouté, ou par le traducteur, ou simplement par un copiste.

V. — ENCLISE ET PROCLISE.

Le gotique a gardé l'enclise indo-européenne ; on reconnaît
les anciens mots enclitiques à ce qu'une spirante sonore finale du
germanique commun garde sa sonorité devant l'initiale sonore de
l'enclitique, tandis que Wulfila écrit par des sourdes toutes les
spirantes finales, qu'elles représentent des sourdes ou des sonores
germaniques communes. On a donc *ains*, mais *ainz-u* ; *jus*, mais
juz-ei ; *qiþiþ*, mais *qiþid-uh* (v. Streitberg, *I. F.*, XVIII, p. 388
et 394). Devant les enclitiques de date indo-européenne, le
maintien de la sonore finale est de règle ; l'exception I Cor., vii, 7
sums swa sumsuh swa s'explique d'une manière évidente ; et *bid-
jandans-uþ-þan* Mt. vi, 7 se trouve à côté de *standandans*. Donc
devant enclitique, le traitement est celui de l'intérieur, non celui
de la fin de mot.

Il n'existe en revanche aucun traitement spécial de la fin du
mot qui caractériserait les proclitiques. Les prépositions et les pré-

verbes ont leur consonne finale traitée comme toute autre consonne
finale de mot : le contraste entre *uz-uh-iddja* J. XVI, 28 avec *uz-*
devant l'enclitique *uh*, et *us-gaggan*, *us-iddja*, avec *us-* inaccentué
devant des formes verbales à initiale sonore, est saisissant.
M. Streitberg, *I. F.*, XVIII, p. 388, suppose que *mid-iddjedun*
L., VII, 11 aurait un verbe enclitique; mais il est inadmissible
que le gotique ait ainsi un exemple isolé de l'enclitique *iddja*,
alors qu'on a partout ailleurs *miþ*, par exemple *miþ-iddjedun* L., XIV,
15; en réalité ce *d* est l'une des sonores introduites sporadiquement devant sonores par les copistes contre l'usage de Wulfila; le
chapitre VII de Luc appartient à l'un des passages où cette intro-
duction est fréquente; on lit de même *uz-on* Mc, XV, 37, 39, autre
innovation pareille des copistes. Ces exemples sont isolés, parce
que le caractère propre de ces innovations dues aux copistes est de
se présenter sans aucune règle, ainsi que l'a très bien montré
M. Streitberg.

Les enclitiques *u*, *ei*, *uh* et les préverbes ou prépositions *us*,
miþ, etc. ont en commun d'être inaccentués et de se grouper
avec un mot voisin; mais les uns sont des enclitiques indo-européens dont la propriété a été, dès l'indo-européen, d'entraîner le
traitement de l'intérieur du mot ou quelque chose d'approchant,
au lieu de celui de la finale; les autres, au contraire, sont d'anciens mots autonomes — toniques ou atones au point de vue
indo-européen — qui sont sans accent en germanique, et qui
sont venus se grouper avec le mot suivant qu'ils déterminent; l'indo-européen n'avait pas de proclitiques; l'ancienne autonomie de
ces mots se montre par ceci qu'ils ont, au point de vue gotique
encore, le traitement de la fin de mot devant l'initiale accentuée
du mot suivant. Et en effet des enclitiques peuvent s'insérer entre
ces mots inaccentués et le mot suivant comme le montrent got.
uz-uh-iddja, *ub-uh-wopida*, *diz-uh-þan-sat*.

Il faut mettre à part le cas de *uz-etin* « crèche » (au datif) L., II,
7, 12, 16, car les préverbes entrent avec un nom suivant en
composition proprement dite; c'est le type de skr. *ápacitiḥ*, gr.
ἀπότισις; ici le maintien de *z* est donc justifié. Toutefois l'analogie des formes verbales entraîne l'emploi de la forme sourde de
la spirante, partout où il ne s'agit pas, comme ici, d'un mot vrai-
ment un : *us-beisns* d'après *us-beidan*, *uf-bloteins* d'après **uf-blotan*,
et même *af-etja*, *uf-aiþeis*, *us-wiss*; il suffit que la valeur séman-
tique des préverbes soit en évidence pour que la graphie sourde
de la finale apparaisse. Par là même la singularité du main-
tien de *-z*, *-b* (*b̃*), *-d* (*d̃*) devant enclitique est mise en plus grande
évidence; si Wulfila a noté des sonores d'une manière constante
dans ces cas particuliers, et des sourdes partout ailleurs, c'est
que, dans sa prononciation, les deux cas étaient tout à fait

distincts. Des parlers gotiques autres que celui noté par Wulfila ont pu maintenir la prononciation sonore des finales ailleurs que devant les enclitiques, comme l'indiquent les hésitations des copistes ; mais le texte de Wulfila révèle le rôle tout particulier des anciens mots enclitiques.

VI. — Sur la place du prédicat.

En principe, et pour autant que l'influence du texte grec n'entraîne pas un autre ordre, le verbe «être» se place après l'adjectif prédicat : *siuks ist* «ἀσθενεῖ» J., xi, 3 ; *hails wairþiþ* «σωθήσεται» J., xi, 12 ; etc.

Mais si le verbe «être» est à l'impératif, l'adjectif prédicat est placé avant, à en juger par le témoignage suivant :

Mt., viii, 3 : *wairþ hrains* «καθαρίσθητι» mais *ibid., hrain warþ* «ἐκαθαρίσθη» ; même contraste Mc, 1, 41 et 42 ; voir aussi L., v, 13 (en regard de L., xvii, 15).

Cet exemple, trois fois répété, est probant ; car s'il est unique, il ne semble du moins contredit par aucun exemple contraire. En dehors de ce cas, dans les passages où le gotique est autonome, on ne trouve le prédicat après le verbe que dans quelques phrases négatives : Gal., ii, 16 ; *ni wairþiþ garaihts manna* «οὐ δικαιοῦται ἄνθρωπος» ; Gal., vi, 7 : *ni wairþaiþ airzjai* «μὴ πλανᾶσθε» ; Col., iii, 19 : *ni sijaiþ baitrai* «μὴ πικραίνεσθε» ; II Cor., ix 3 : *ei. . . .ni waurþi lausa* «ἵνα μὴ. . . κενωθῆ» ; II Cor., iv, 16 : *ni wairþam usgrudjans* «οὐκ ἐγκακοῦμεν» (cf. L., xviii, 1 ; Eph., iii, 13 ; II Thess., iii. 13). Et encore, la négation n'entraîne-t-elle pas nécessairement cette conséquence : *ni skuld ist* «οὐκ ἔξεστιν» est de règle ; Eph., iii, 5 on lit : *ni kunþ was* «οὐκ ἐγνωρίσθη» ; Gal., v, 21 : *arbjans ni wairþand* «οὐ κληρονομήσουσιν» ; etc.

Ces faits ne sont pas fortuits. En ce qui concerne l'impératif, il est établi que c'était dès l'indo-européen une forme essentiellement tonique (v. *I.F.*, XXI, 346). Quant aux phrases négatives, on observe en ancien arménien des faits exactement comparables ; le verbe «être», qui suit normalement le «prédicat», le précède s'il y a négation ; et le verbe «être» est alors si bien accentué que la négation *oč* se présente souvent sans voyelle, sous la forme *č*, ainsi dans les traductions arméniennes d'Ephrem (édit. Venise, vol. II, p. 54) : *inkheankh mkrtealkh ein* «eux-mêmes étaient baptisés», mais *inkheankh čein mkrtcal* «eux-mêmes n'étaient pas baptisés» ; et ceci n'est pas propre au verbe «être» ; le verbe était sans doute accentué quand il était accompagné de négation, car, au lieu de

l'ordre usuel des mots dans la locution *erkir paganem* « j'adore »,
on lit *oč̣ paganem erkir* « je n'adore pas », dans la traduction de
saint Jean Chrysostome (édit. Venise, p. 21); de même, par
exemple, Esther, III, 5 : *oč̣ paganē nma erkir* « il ne l'adore pas »;
la question n'est pas suffisamment étudiée en arménien, mais la
coïncidence avec les faits gotiques est à noter; il convient de rappeler aussi le caractère tonique de gr. ἐσʹτι dans οὐκ ἔσʹτι.

VII. — SUR LA PLACE DU TON
DANS LES PRÉSENTS DU TYPE *FRAIHNAN*.

Les verbes du type got. *fraihnan* qui ont une consonne
sourde après la voyelle radicale conservent tous cette sourde en
gotique :

fraihnan; la sonore qu'on trouve dans v. isl. *fregna* et v. angl.
frignan semble appartenir à un autre type; on enseigne souvent
que, en pareille position, la forme phonétique de **-γn-* serait *-kk-*
et non *-gn-*, par exemple : v. h.-a. *zocchōn* de **duknā-*; mais les
observations de M. R. Trautmann (*Germanische Lautgesetze* [Diss.
Königsberg, 1906], p. 62 et suiv.) semblent ruiner cette doctrine; la gémination de consonne qu'on observe dans v. h.-a.
zocchōn, etc., est sans doute à rapprocher de celle que présentent gr. γύννις et τίτθη, lat. *uorri*, cf. Schulze, *Lat. Eigenna-
men*, p. 520). On n'a donc pas la preuve phonétique du caractère
normal de la sourde *h* dans *fraihnan*; mais, si *fraihnan* n'est pas
ancien, il n'est pas admissible que la seule forme *frah* (1re et
3e sing. prét.) ait fait généraliser *h* dans le verbe got. *fraihnan* tout
entier, y compris le pluriel *frehum*; la sonore scandinave et an-
glaise doit donc recevoir une explication qu'on trouvera ci-des-
sous, p. 101.

af-lifnan « rester »; la sourde *f* est éminemment probante; car
tous les autres verbes de la racine ont la sonore : *-leiban*, *-laibjan*,
liban, et ceci dans tous les dialectes germaniques.

ga-þaursnan « sécher »; la sourde *s* de ce verbe a, conjointement
avec *-þairsan*, entraîné l'emploi de *s* dans l'adjectif got. *þaursus*,
en face de skr. *tr̥ṣúḥ* dont l'oxytonaison explique le *z* de tous les
autres dialectes germaniques : v. h.-a. *durri*, v. isl. *þurr*, etc.

ufar-hafnan, en face de *hafjan*.
fra-lusnan, en face de *fra-liusan*.

Les dénominatifs tels que *us-hauhnan*, *weihnan*, etc. repro-
duisent les consonnes de leurs primitifs et ne prouvent rien;
car on a d'autre part, *minznan*, etc.

Cette place du ton concorde avec celle qui est établie pour les
formes parallèles du slave, type russe *crány*, s. *stănĕm* (v. A. Meil-

let, *Et. sur l'ét. et le voc. du v. sl.*, 145 et suiv.; Pedersen, *K. Z.*, XXXVIII, 341 et suiv.).

Les deux formes lituaniennes attestées conduisent à la même conclusion; elles sont en effet du type *Im.* de M. F. de Saussure (*I. F. Anz.*, VI, 159 et suiv.), type qui, dans le verbe, répond, comme on sait, au type paroxyton du slave; les deux signes auxquels M. F. de Saussure reconnaît le type *Im.* s'y rencontrent : accentuation sur la syllabe initiale du nominatif masculin du participe présent : *èinas* (c.-à-d. *cĩnas*) J., XII, 35 (dans le *Nouveau Testament* revu par Kurszat), maintien de l'accent sur le verbe dans les formes munies d'un préverbe : *iβèinat* Mt., X, 11 (*ibid.*), *atèina* (Mt., VIII, 9); de même pour *aunù*, formes à préverbes : *apaunù*, *iβaunù*, etc. (*iβsiaùk* Act., VII, 33).

Pour le sanskrit, si l'on fait abstraction des exemples — assez peu nombreux à date ancienne — de thèmes en -*nā*- devenus thématiques, comme *pṛnắti* à côté de *pṛnắti*, on ne peut guère citer que *vénati* « il désire », cf. zd *vaēnaiti* « il regarde »; la place du ton est donc encore l'élément présuffixal.

Le type gr. πίνειν ne prouve rien, parce que tous les présents thématiques reculent le ton en grec, mais il ne contredit pas non plus le résultat acquis. Et l'on peut conclure :

les présents indo-européens en *-ne- avaient le ton sur la syllabe présuffixale.

Les verbes du type gr. ἀλφάνειν ne permettent aucune conclusion. Le lituanien a ici deux accentuations : type *bùdinu*, *bŭdinti* (avec *in* intoné doux), et type *bradinù* (*bradìna*), *bradìnti*; le vieux prussien atteste la même dualité comme le montre M. Bezzenberger, *K. Z.*, XLI, p. 99; mais ce n'est pas un type thématique pur; il a dans ces formes une combinaison de thèmes en *-°ne- et en *-°nā- : *-°nə-, et sans doute en *-°nāi- (*-°nĭ-), v. *ibid.*, p. 96 et suiv., et l'intonation même du lit. *in* dans le type *bradìnti* prouve qu'il faut partir, pour ces infinitifs, de *-ṇ̄- ou *-°nə-; l'énigmatique infinitif en -*nati*- du slave, avec son *ą* rude, suppose aussi une forme en *-ṇ̄- ou *-°nə- (cf. l'infinitif *dąti* en face de lit. *dùmti*) combinée avec un présent en *-ne-; M. Vondrák, *Vergl. sl. Gramm.*, I, 511 et suiv., suppose avec beaucoup de vraisemblance, que le slave a eu d'abord *dvigną* : *dvigąti* (avec -*ąti* parallèle à lit. -*inti*), et que *dvigąti* a passé à *dvignąti* sous l'influence du présent *dvigną*; il y aurait donc en slave mélange de *-ne- (au présent) et de *-nā- : *-nə- à l'infinitif, comme dans got. -*wakna* : -*waknoda*; on notera aussi gr. ἰσχανάω, ἐρῡκανάω à côté de ἰσχάνω, ἐρῡκάνω. Le védique a *kṛpắṇa*- (*R. V.*, X, 74, 3), peut-être influencé par le substantif *kṛpắṇa*-; et l'Avesta a *pəšana*- (de *pŗ́tana-*), peut-être influencé par le substantif *pəšanā*- (= skr. *pŗ́tanā-*). Les moyens manquent pour résoudre la contradiction entre ces formes.

On s'est efforcé de tirer le type thématique en *-ne- des types en *-nā- et en *-neu- où M. F. de Saussure a reconnu des formes particulières du type général à infixe, skr. *yunákti*; M. Pedersen nie ainsi l'existence d'un type thématique *-ne- en indo-européen. Le fait, qui vient d'être établi, que ce type a, comme tous les types thématiques, une place du ton fixe et que cette place ne coïncide pas avec celle qui est la plus ordinaire dans les présents en *-nā- et *-neu-, au moins à l'actif (cf. ces *Mémoires*, XIII, p. 113 et suiv.), n'est pas en faveur de l'hypothèse. Du reste, si on l'examine de près, cette hypothèse est peu vraisemblable et s'appuie sur des preuves très faibles. En gotique, le présent *fraihnan* est fléchi thématiquement, sans trace de formes athématiques quelconques; de même en lituanien, les deux présents *einù* et *aunù*. Pour le slave, M. Pedersen (*K. Z.*, XXXVIII, 347) invoque les participes en *-novenŭ* et les abstraits en *-novenĭje*; mais, comme on l'a noté dans ces *Mémoires*, XIV, 204 et suiv., ces formes se trouvent pour la plupart près de quelques verbes bien définis qui reposent en effet sur d'anciens présents en *-neu-*, et il n'en résulte rien pour l'ensemble du type; *stanoviti*, dont M. Pedersen fait état, n'est qu'un dénominatif du thème en *-u- stanŭ* (v. A. Meillet, *Et.*, 454); et il n'y a aucune autre preuve. Quant à l'arménien, M. Pedersen (*K. Ž.*, XXXIX, 357 et suiv.) émet l'hypothèse que le type en *-num* représenterait le moyen, cf. gr. -νυμαι, et le type en *-nem* l'actif, cf. skr. *-nomi* (i.-e. *-neumi*); mais ceci est doublement arbitraire, car d'une part on ne connaît par ailleurs aucune trace de la distinction des désinences actives et moyennes au présent arménien (c'est par le suffixe *-i-* de présent, *-a-* d'aoriste que l'arménien rend ce qu'expriment les désinences moyennes, ainsi *cnanim* «je nais», aor. *cnay*, cf. skr. *jánate*, et gr. γίγνομαι, lat. *nāscor*, v. irl.-*gainethar*) de l'autre, on ne saurait soutenir que *-neumi* aboutisse phonétiquement à arm. -nem, et M. Pedersen ne le soutient pas en effet, si bien qu'on ne sait comment aurait eu lieu le passage de *-neumi* à -nem; en réalité, une grande partie des présents en -anem, -anim ont été faits sur des aoristes radicaux, en arménien même; par exemple, sur l'aoriste *heli* du verbe dont le présent ancien est *helum* (seule forme des plus anciens textes), on a fait à basse époque *helanim*; et *cn-anim* «je nais» a visiblement été fait, mais anciennement, sur *cn-ay*. Les présents arméniens en -ane-, -ani- et les présents slaves en -ne- sont pour la plupart des formes faites sur des aoristes radicaux; pour le sens, ces formes équivalent au type indo-européen à infixe, dont elles tiennent très souvent la place, par exemple v. sl. *bŭną* en face de lit. *bundù*, arm. *lkhanem* en face de skr. *riṇákti*, lat. *linquō*. Il faut donc s'en tenir à l'hypothèse toute naturelle que, à côté du type

primaire à infixe, l'indo-européen a possédé un type secondaire
à suffixe secondaire *-ne-, ayant le ton sur l'élément présuffixal,
et un type à suffixe également secondaire *-°ne-, avec place du ton
non déterminée.

Le type indo-européen en *-nā- (dor. δάμνᾱμι) s'est cependant
contaminé avec le type secondaire en *-ne-, comme on l'a indiqué
plus haut, p. 99 ; en gotique même, le prétérit ordinaire du type
en -nan est en -noda ; en islandais, on ne trouve que la forme -nō-
représentant *-nā-, même au présent, et le type thématique *-ne-
n'est conservé qu'en gotique, en tant que catégorie verbale défi-
nie. Cette répartition est antérieure à l'action de la loi de Verner ;
car les thèmes en *-nā- ayant le ton sur -ā-, les dialectes autres
que le gotique ont des sonores en regard des sourdes gotiques :

got. *fraihnan* (*frah*, *frehum*), mais v. isl. *fregna*, v. angl. *frignan*,
v. sax. *fregnan* ; le *g* ne saurait passer pour analogique ; car le vieil
islandais a au prétérit *frá*, *frŏgum*, avec l'alternance grammaticale.

got. -*þaursnan*, mais v. isl. *þorna*.

En regard de v. h.-a. *lirnēn*, *lernēn*, v. angl. *leornian*, v. sax.
linon (de **līznōn*) et *lernunga*, on attendrait got. **lisnan* ; la forme
n'est pas attestée ; mais il est permis d'en supposer l'existence
parce que le prétérito-présent got. *lais*, dont l'emploi n'était sans
doute pas fréquent (on le rencontre dans un seul passage des
textes gotiques conservés, et l'on n'en a pas le correspondant dans
les autres dialectes germaniques) et qui devait avoir *z* au pluriel
et au duel, ne suffit pas à rendre compte de l'extension de *s* au
causatif got. *laisjan*, en face de v. sax. *lērjan*, etc.

VIII. — *HNEIWAN, HNAIWJAN.*

Entre le *w* de got. *hneiwan*, *hnaiwjan*, *hnaiws* et le *g* de tous les
autres dialectes, v. isl. *hníga*, *hneigja*, v. angl. *hnīgan*, *hnǣgan*,
hnāg, v. h.-a. *hnīgan*, *hneigan*, il y a un contraste qu'on ne peut
expliquer par la place du ton ; dire que v. h.-a. *hnīgan* etc.,
reposent sur un thème paroxyton, et got. *hneiwan* sur un thème
oxyton, comme le fait M. Zupitza, *Germ. Gutt.*, p. 100, c'est faire
une supposition gratuite. Il ne reste dès lors qu'une hypothèse
imaginable, c'est que le *w* de la labio-vélaire spirante intervocalique germ. **ɣ͏ʷ* est tombé devant le *j* du causatif et a subsisté
dans le type thématique : got. *hneiwan*, d'une part, et v. isl. *hneigja*
v. angl. *hnǣgan*, v. h.-a. *hneigan*, de l'autre, représenteraient le
type phonétique ; sur la chute du *w* devant *j*, voir en dernier lieu
R. Trautmann (*Germanische Lautgesetze* [Diss. Königsberg, 1906],
p. 59 et suiv.) ; cet exemple est du reste le seul où le *j* qui produit
cette action soit celui d'un causatif, et la circonstance mérite d'être

notée; le fait qu'il s'agit, au moins en partie, d'un ancien *-eye- semble ne rien changer au traitement qui serait par suite peu ancien; néanmoins les dénominatifs clairs comme got. *manwjan* de *manwus*, conservent ou rétablissent le *w* devant *j*, ce qui n'a rien de surprenant. Le type v. h.-a. (*h*)*nigum*, (*h*)*nigun* est aussi phonétique (*l. c.*, p. 60 et suiv.), et a sans doute contribué dans une large mesure à l'extension de la forme sans *w* (cf. Brugmann, *Abr. de gr. comp.*, § 258, 2 et Rem. 2); en revanche, il est pro- bable que l'adjectif *hnaiws* « bas » a agi en gotique sur les formes verbales.

On enseigne souvent que le représentant de i. -e. $*g^wh$ à l'in- tervocalique germanique serait *w* après un élément vocalique atone et γ^w après un élément tonique; c'est ce qu'admet encore récemment M. Trautmann, *l. c.*, p. 58 et suiv.; mais cette doc- trine ne repose sur aucun fait. Des exemples de *w* issu de $*g^wh$ à l'intervocalique, un seul est sûr, c'est got. *snaiws*; or l'unique indication qu'on ait sur la place primitive du ton est celle que fournit le slave : r. снѣгъ, gén. снѣга, s. *snĭjeg*, *snĭjega*; l'indication slave n'est pas décisive parce qu'il s'agit d'un nom d'objet et qui pourrait admettre une forme oxytonée, et parce que le slave a tendu à généraliser l'accentuation radicale dans ce type; mais on n'a pas d'indication quelconque pour l'oxytonaison. Des autres exemples du traitement de $*g^wh$ à l'intervocalique cités par M. Zu- pitza, *l. c.*, il ne reste que *stiwiti*, mot d'origine obscure et sur la place du ton duquel on n'est pas renseigné; v. h.-a. *egidehsa* v. sax. *ewithessa* « lézard »; et v. h.-a. *waganso* « soc (de charrue) ». De v. h.-a. *waganso*, cf. gr. ὀφνίς, v. pruss. *wagnis*, on ne peut rien conclure, parce qu'il existe un mot de même famille où le *w* est tombé phonétiquement et qui a pu agir sur *waganso* : v. h.-a. *wecki*, v. angl. *wecg*, v. isl. *veggr*, cf. lit. *vagis* (gén. *vagjo*), lette *vadzis* (v. Leskien, *Bild.*, p. 300); d'après Kurszat, le lit. *vagis*, désigne en lituanien méridional un crochet de bois courbé, ce qui constitue précisément le soc de la charrue primitive; le *g* de v. h.-a. *waganso* s'explique donc par l'influence d'un mot voisin. Reste le contraste entre v. h.-a. *egidehsa* et v. sax. *ewithessa*, mot probablement composé, dans le premier terme duquel on cherche — entre autres choses — un correspondant de gr. ὄφις, zd *ažiš*, skr. *áhiḥ*, arm. *iž*, et dont le second terme est encore indéterminé; mais il s'agit d'un seul et même mot, et il est arbitraire de sup- poser deux places du ton distinctes pour ce mot unique; le mot est d'origine trop obscure pour qu'il soit possible de rendre compte de la différence entre les deux formes; mais on est sans doute en présence d'une altération résultant de quelque influence parti- culière. Il n'y a donc aucun fait positif qui conduise à poser deux traitements de i.-e. $*g^wh$ à l'intervocalique en germanique; le seul traitement sûr — établi par l'exemple got. *snaiws* — est le traitement *w*.

Le -*w*- issu de la sonorisation de $*-h^w-$ entre voyelles ne se trouve jamais après le ton puisque, après le ton, $*-h^w-$ subsiste en germanique; mais il ne résulte évidemment pas de là que $*-\gamma^w-$ issu de i.-e. $*-g^wh-$ n'ait pu devenir -*w*- après le ton.